*Wolfgang Tribukait*

# Gedankenspiele und Holzfantasien

Ich danke meiner Frau Gudrun für zahlreiche wertvolle Ratschläge.
Für Anregungen zum Verbessern der Gedichte danke ich der Literarischen Werkstatt Villingen-Schwenningen.
Einige Fotographien verdanke ich meinem Enkel Nicolas Tribukait; für die Arbeit der Bildgestaltung und Reproduktion und die Gestaltung des Buches danke ich meinem Schwiegersohn Hanno Schreiber.

# Jahreswechsel

Wir leben nun seit vielen Jahren
in einer kleinen alten Stadt;
sind etwas durch die Welt gefahren
und gaben und empfingen Rat.
Wir freuten uns am bunten Leben,
an vielen Menschen, groß und klein;
konnten manch einem etwas geben,
steckten von andern manches ein.
Nun will ein weit'res Jahr sich runden,
im Sauseschritt verfliegt die Zeit;
sie schlug uns manche bitt're Wunden,
bracht' Freude und auch manchmal Leid.
Wir gleiten durch das Leben hin
und fragen besser nicht nach Sinn.

# Fahrt durch den Januar

Dünn liegt der Schnee; die Hügel schlafen
unter des Nebels leichtem Frostgewand.
Der Blick schweift weit und kann doch nicht nach oben;
geduckte Dörfer kauern blau in fahlem Licht.

Die Stille dehnt sich bis zum Rand der Wälder,
vereinzelt nur ritzt mal ein Wagen ihr das Kleid.
Am Fluß die kahlen Pappeln atmen fröstelnd;
reglos mit runden Köpfen schaun die Weiden stumm.

Die Stadt erstarrt zu kant'gen Häuserfluchten,
grau, braun und ockerfarben stockt sie unterm Frost.
Die Nebeldecke dämpft das Menschentreiben;
geschützt von Mauern nur scheint künstlich Licht.

Was ist's, das sich im tief Verborg'nen regt?
Ist's Suche nach Erkenntnis, nach Gedanken?
Oder ein Streben nach gelebter Form?
Ersehnst du ein Verstehn mit andren Menschen?
Unter der Nebeldecke liegt geheimes Ahnen:
Du tastest über Grenzen dich hinaus.

## Versäumter Dank

Schwer wie pappiger Altschnee
lastet versäumter Dank
drückt nieder
was wachsen wollte.
Zerbrechlicher Bote
doch zäh
im Streben nach Wärme
fährt papierenes Schiff
hinaus in die Ferne.
Schneeglöckchen läuten trotz allem.

# Februartag

Im Frost erstarrt glitzert die Welt in Weiß.
Fast schmerzt das klare kalte Blau des Himmels
und unbarmherzig schneidet die Erkenntnis:

Wie unzulänglich hast du deine Tage hingebracht!
Wie oft hast andre fühllos du verletzt,
dir selber Zorn und Mißgunst zugezogen!

Erfrorne, nicht genutzte Chancen brennen.
Zu spät erkennst du, was dir einst geboten war.
Kannst du, nach dem Erkennen vieler Fehler,
die künft'gen Tage besser wirkend nutzen?

Und doch, die Sonne sacht beginnt zu wärmen.
Trotz vieler Fehler rollt das Lebensrad.
Was kalt und unvollkommen scheint, bleibt spröde
und birgt doch harten, echten Wahrheitskern.

## Schneeschmelze

Am Wegrand unter dem Schnee
stürzt gluckerndes Wasser
von überall her
rieseln Tropfen zusammen,
strömen zum Bach,
füllen die Senke
spülen fort, was als Eisrest noch starr.
Wie lang, wie hart war der Winter!
Gedanken verkrustet.
Frühling zeugt Neues
doch Gegensätze
sie wirken weiter
neue Form schafft sich im Spiel,
greift aus und baut ein heiter luftig Haus.

# März

Schnee schmilzt
Knospen schwellen
kleine Vögel zwitschern lockend
närrisch klingt es in Gassen.
Krähen hocken auf kahlem Geäst
Schatten krächzen
Boten des Todes
spähen nach Keimen des Frühlings –
zurück in den Boden!
Nächtlicher Frost
heißt die Blüten noch warten.

# April

Es ist April; noch immer hängen
am Kirschbaum welke Blätter vom vergang'nen Jahr.
Dick liegt der nasse Schnee auf jungen Knospen.
Wann endlich wird das Alte Neuem weichen?
Und ich, müßt' ich nicht auch von dieser Welt verschwinden?
Zäh halt ich fest noch, was ich halten kann
mag frei verschenken, was ich selbst nicht brauche
doch ganz ins Grab hinsinken mag ich jetzt noch nicht.
Vielleicht kann meinen Enkeln ich noch helfen
und Frühlingswärme freut mich alten Knaben.

## *Apriltag*

Die gelben Blüten der Forsytien schmettern
fanfarengleich: Jetzt kommt ein Frühlingstag!
Verhalten noch im Hintergrund der zarte Schleier
von hellem Grün um dunkles Baumgeäst.

Ein kühler Nieselregen heißt die Menschen warten
geduckt und unter Schirmen eilen sie dahin.
Die bunten Sommerkleider in den Garderoben
wollen wie Knospen ihre Hüllen sprengen.

Gebremst noch ist die Schaffenskraft;
Du fühlst: ein Neues will entstehen
doch allzu unbestimmt noch ringt es um Gestalt.
Du kannst es nicht dem Formlosen entreißen.
Dir bleibt nur Sehnsucht und geduld'ges Hoffen;
nur ohne Zwang öffnen sich späte Blüten.

# Mai

Freu dich der Schönheit des Lebens, denn bald schon
                              verwelken die Blüten
Sterblich sind alle, und leider zerfallen auch wir bald zu Staub.

## Am Waldrand

Ich ging im Walde
so für mich hin
und nichts zu suchen
das war mein Sinn.
Zwischen Ästen tönte
ein Sprechen hervor -
auf der Bank saß ein Wandrer
sein Handy am Ohr.
Sprach er von Geschäften, von Liebe, von Geld?
Was immer es war, ihn fesselt die Welt.
Die Tannen rauschten, er hörte es kaum -
weshalb eigentlich saß er am Waldessaum?
Er hört nicht die Vöglein,
er sieht nicht Natur
für ihn zählen Stimmen
aus Menschenwelt nur.
Sie machen die Augen
ihm leuchten von Glut -
drin spiegelt sich vieles,
Sorge, Bangen und Wut.
Er könnte ins Weite
seinen Blick lassen ziehn -
doch die Dinge des Alltags
haben mehr Reiz für ihn.

# Juni

Nun strahlt auch der Jasmin in weißer Pracht
die Rosen duften, und der Rittersporn
reckt seine blauen Rispen in die Höhe.
Jungvögel zirpen, sperren hungrig auf die Schnäbel
und lassen sie sich von den Eltern stopfen.
Das dichte Laub strotzt übersatt von Grün.
Schon reifen üppig Kirschen an den Zweigen.
Von allen guten Dingen quillt die Welt jetzt über
fast trunken sind die Sinne von der Fülle.

## Flug in den Süden

In den Weiten Kastiliens
weht der Wind über Steppen und Felder
dörrt die Sonne das Gras
wandern Pilger nach Westen.
Karg und erhaben
in einsamem Stolz
halb verfallen
Bogen und Pfeiler
aus Ziegeln gemauert.
Fremde Altäre
mit Gold überladen
Städtchen am Rande der Welt.
Begegnungen weiten den Blick
geben neue Gedanken.
Kehr ein bei dir selbst!

# Juli

Schwankende Leiter
hinauf in den Kirschbaum -
süß lockende Früchte.
Drohender Absturz.
Jahresmitte –
erschlaffende Hitze;
Gewitter grollen,
zerschmetternder Hagel.
Bist auch du schon bedroht
von jähem Ende?
Aufrecht stehst du,
kannst Früchte verschenken.
Genieße das Leben!

## Sommernacht

Warme Nacht im August
abends im Garten
lange erwartet
nach Rascheln und Kollern
trippelt der Igel
in den Lichtkreis der Lampe
schmatzend und schlürfend
schlabbernd die Schalen
von Melonen und Äpfeln
trollt sich dann wieder
ins schattige Dunkel
unter Blattwerk und Büsche
Vollmond leuchtet
über schwarzen Bäumen
warme Nacht im August.

# August

Seit Wochen dörrt die Hitze alles aus
schlaff sind die Blätter, träge
lauschst du im Schatten einer Amsel
die einsam ansingt gegen Sommerglut.
Die weiße Wetterwolke bauscht sich wuchtig auf
verheißungsvoll färbt sie sich dunkelgrau
oh käme bald der lang ersehnte Regen!
Ein ferner Donner grollt, doch wie schon oft
löst das Gewölk sich auf, klar blaut der Himmel
die ungelöste Spannung lastet.

Und endlich kommt das Ungewitter doch!
Der Himmel flammt, die Donner krachen
verheerend rauscht der Sturmwind im Geäst
und eine Wand aus Regen stürzt herab.
Befreit, erleichtert atmet alles auf.

# Spätsommer

Von Reisen heimgekehrt nimmst du die Fäden wieder auf
an denen du im Stillen lange schon gewirkt.
Die alten Themen scheinen dir wie neu,
wie erste Schritte in ein unbekanntes Land.
Du suchst den Leitstern und die Wegemarken -
im Nebeldunst verhüllt sich eine Welt.
Spätsommerlich verheißt sie dir Erfüllung.
Die Früchte arbeitsreicher Zeiten reifen.

# Pilzsammler

Spürenden Auges
mit tastenden Schritten
umgeht er Baumstümpfe
steigt über gestürzte Stämmchen und Äste
sinkt tief ins Moos
biegt Farne zur Seite.
Dort leuchtet es gelb!
Doch es ist nur ein Blatt.
Bräunliche Wölbung
zwischen moderndem Holz -
ein Steinpilz, und dort noch ein zweiter.
Fern lacht ein Specht.
Der Sammler sucht weiter
lange nur Kraut, Moos und Äste.
Mühsam die Schritte
weglos durchs Dickicht.
Schweissnass der Rücken
doch zufriednen Gemüts
eins mit dem Wald und der Welt.
Pfifferling hier, und dort braun ein Röhrling
glücklich, wo Steinpilze wachsen.
Geduld wird belohnt -
nach ein bis zwei Stunden
eine leckere Mahlzeit.

# Oktober

Kühl atmet Herbstlaub im Oktoberblau
die Spinnwebfäden funkeln diamanten
rostrotes Rascheln unter jedem Schritt.

Mit Äpfeln und mit Pflaumen übervoll beschenkt
genieß ich blinzelnd mildes Sonnenlicht
und schau auf Früchte eines reichen Lebens

das mich Figuren schaffen ließ mit Wort und Hand
Besitz mir schenkte und auch Kinderlachen
und etwas Achtung bei den Menschen, die mich kennen.
Ist solch ein Sonnenherbst nicht wahres Glück?

## Ulmenfrau

Nahe am Bach
rauschten die Blätter
der lichtgrünen Ulme.
Jahre um Jahre
entfaltete sie
das Laub ihrer Krone.

Wir brauchen Straßen!
Fort mit dem Baum!
Zersägt ward der Stamm.

Eines der Stücke
ließ lange ich trocknen
schaute und dachte:
Was will es werden?
Ein Klumpen Ton
gab es ein meinen Händen:
Ja, so könnte es sein.

Säge und Eisen
fraßen vom Holz
ließen stehen
was Bestand sollte haben –
einfache Formen.
Geschwungene Linien
zeichnen die Ringe
in Jahren gewachsen.

Wiedergeboren
in neuer Gestalt
Frau und auch Eule
die Fee dieses Baumes
der Ulme.

## *Am Teich im herbstlichen Park*

Glatt ruht die dunkle Fläche zwischen grünen Ufern
die weißen Birkenstämme spiegeln sich in ihr.
Gelb leuchten letzte Blätter an den Bäumen
der Himmel drüber blaut wie helles Porzellan.

Der Spiegel wird zum Tor in andre Zeiten
als Kinderlachen dir ins Leben sprühte
als Freundeswort dich hob zu neuem Denken
als Hand und Blick dir neu ein Herz aufschloß.

Was an Vergangnem unter dunkler Fläche ruht
gespiegelt in den Bäumen steigt's empor.
Ein kleiner Pavillon am Ufer wird Musik
der Klang schwebt in der klaren Herbstluft nach.

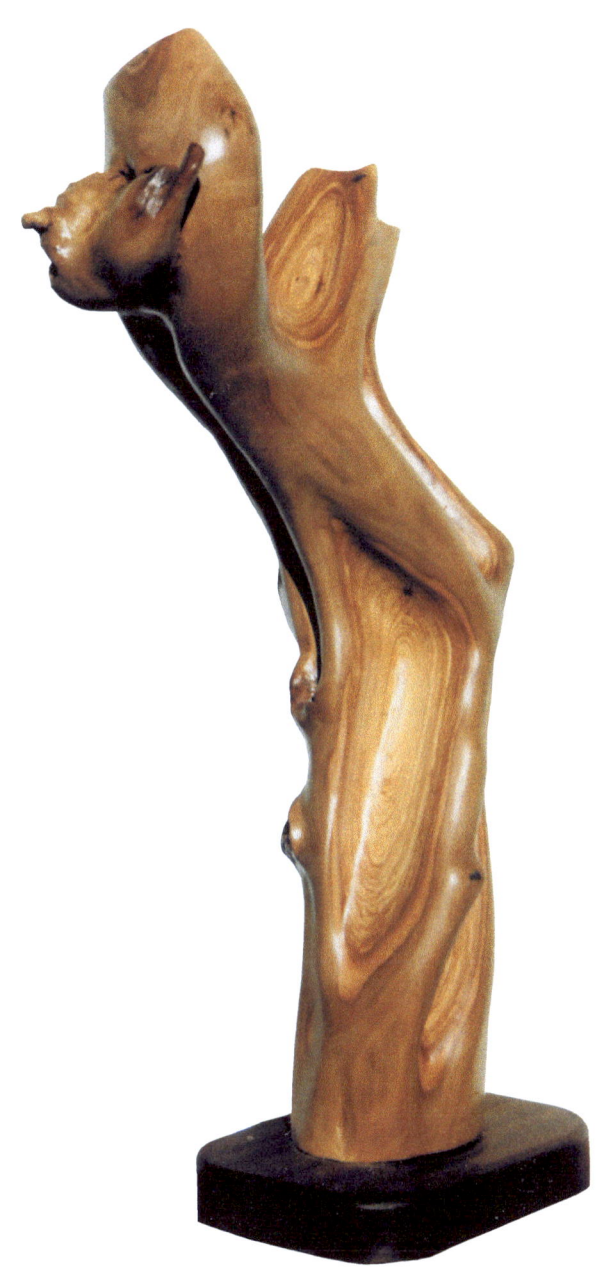

## Sonett am Computer

Angekettet am Computer
sitzt ein Mensch, den Blick gebannt,
auf die Tasten tippen tut er,
sieht nichts rechts vom Bildschirmrand.

Ganz ist er im Jetzt gefangen,
hat nicht Sinn für Raum noch Zeit;
auch dies Jetzt ist noch verhangen,
ihm zählt nur die Nützlichkeit.

Wird er wirklich freier leben
und den Blick zur Sonne heben
wenn sein Tagwerk ist vollbracht?
Oder werden Zahlenreihen
seine Träume noch entweihen
die einst glänzten in der Nacht?

# Novembertag

Die feuchte Kälte kriecht in alle Fugen
bleich steht die fahle Sonne über kahl Geäst
die Wolkenschleier wissen nicht, ob sie sich lichten sollen
dünn überzieht die Dächer schmutzig weißer Reif.

Fern rauscht Verkehr, und manchmal krächzen Krähen;
die flücht'gen Menschenstimmen sind im Wind verhallt.
Was Leben will, verbirgt sich zwischen Mauern.

In warme Räume fliehn frostschauernde Gedanken
einander drängend, stoßend, reibend, zeugend
ein neues Leben, das sich später mag entfalten
wenn wiederkehrend Licht die Enge sprengt.

# Geschenke

Was schenkt man Leuten, die schon alles haben?
Ein jedes Fest stellt diese Frage neu.
Spiegelt die Gabe Geber und Empfänger?
Kann Freude sie bereiten und auch zeigen
dass man des andern Wünsche zu erraten suchte?
Und darf ihn doch nicht allzu sehr verpflichten!
 In Freiheit nur kann Zuneigung sich schenken.

## *Holzarbeit*

Ich liege in der Hängematte, döse und sinniere. Da sehe ich in Gedanken eine Gestalt vor mir: ein schlanker Fuß, gewölbte Rücken und Kerben, ein glatt gerundeter Kopf, abgesetzt durch einen mehr oder minder langen Hals - eine Figur, deren Linien schwingen im Raum von links nach rechts, von unten nach oben, von vorne nach hinten; Durchbrüche geben ihr Tiefe.

Habe ich in der Garage noch ein Stück Baumstamm, schön gemasertes Holz, das sich eignen würde zu einer solchen Skulptur? Ich stelle ein Stück vor mich hin und halte Zwiesprache mit ihm: wo verlangen herausstehende Äste danach, einen Buckel zu bilden, wo wollen tiefe Trockenrisse zu Kerben werden?

Nach einem längeren Gespräch mit dem Holzstück lasse ich die Kettensäge kreischen. Natürlich im Freien; überall fliegen grobe Späne herum. durchmischt mit Spritzern von Haftöl. Oder, wenn die Gestalt der werdenden Figur das nahelegt, kann es sich empfehlen, in der nahegelegenen Schreinerei die Bandsäge zu benutzen - die Leute kennen mich, wissen, daß ich die Arbeit beherrsche und erlauben es mir.

Jetzt schreit der Rohling förmlich danach, seine Rauhen Flächen und scharfen Kanten runden zu lassen. Mit dem Klöpfel, Stech- und Hohleisen schlage ich Späne ab, Stunden um Stunden, die Arme schmerzen. Die anfangs grobe Form wird allmählich feiner und schlanker. Dem kritisch prüfenden Blick zeigt sich, wo noch mehr fortgenommen werden muß, um den richtigen Verlauf der Linien und ein ausgewogenes Verhältnis zu erzielen. Und nun wird deutlich, wie die Maserung des Holzes sich abzeichnet. Kirschbaum, Olive, Rüster, Nußbaum oder das Farbspiel im Pflaumenholz.

Am deutlichsten erscheint der Charakter, wenn ich die Figur mit Sandpapier schleife. An wenigen Stellen kann ich das mit einer Maschine tun; bei vielen Feinheiten ist mühsame Handarbeit unerläßlich. Viele Stunden, mein Körper fängt an zu vibrieren. Aber dann zeigt sich das Ergebnis: sanft gerundet schwingen die Maserungslinien neben einander her, bilden langgezoge Kurven, unregelmäßig ihren Abstand verengend und weitend. Je feiner der Schliff, desto schöner die Fläche. Und wenn ich die Figur noch lackiere oder wachse, tritt jeder Jahresring leuchtend hervor Manchmal frage ich mich: Warum sitzt du nun so lange an diesem Stück Holz? Aber nach einiger Zeit des Lesens kann mein Kopf keine weiteren Gedanken mehr fassen, meine Hände verlangen nach Arbeit. Wenn eine meiner Holz-Skulpturen schließlich fertig dasteht, kann ich sie streicheln mit Fingern und Blicken; und nicht nur ich, auch Freunde und Bekannte können sich freuen an ihr.

# *Verzeichnis der Abbildungen*

| | |
|---|---|
| Titelseite | Nussbaum-Verschlingung, ca 5o cm hoch; etwa 1980 |
| Seite 5 | Apfelpferd, ca 40 cm hoch; 2005 |
| | Nussbaumstele, ca 60 cm hoch; etwa 1978 |
| Seite 7 | Eichenstele, ca 110 cm hoch; etwa 1977 |
| Seite 9 | Schriftgelehrter, Kiefer, ca 60 cm hoch; etwa 1974 |
| Seite 10 | Alte Schwestern, Kirschbaum, 41 cm hoch; 2002 |
| Seite 12 | Konkav-Konvex; Kirschbaun, ca 25 cm hoch; etwa 2000 |
| Seite 13 | Fließgeschlinge, Birnbaum, ca 30 cm hoch; etwa 2001 |
| Seite 15 | Ablehnung, Apfelbaum, ca 60 cm hoch; etwa 2001 |
| Seite 17 | Masken, Nussbaum, ca 28 cm hoch; etwa 2000 |
| Seite 19 | Paar, Zwetschgenholz, ca 40 cm hoch; 1989 |
| Seite 21 | Späher, Nussbaum, ca 50 cm hoch; etwa 1990 |
| Seite 22 | König Hohlkopf, Apfelbaum, ca 40 cm hoch; 1976 |
| Seite 25 | Faun, Eiche, 22 cm hoch; 1973 |
| Seite 27 | Bettelnde Königin, Nußbaum, ca. 50 cm hoch; etwa 1990 |
| Seite 29 | Paar, Olive, ca 65 cm hoch; etwa 1998 |
| Seite 30 | Paar, Olive, ca 40 cm hoch; etwa 1991 |
| Seite 33 | Schildträger, Rüster, 45 cm hoch; etwa 1990 |
| Seite 34 | Sinnende, Apfelbaum, ca 38 cm hoch; etwa 2001 |
| | Paar, Birke auf Apfel, ca 50 cm hoch; etwa 2003 |
| Seite 37 | Kronos, Eiche, ca 55 cm hoch; etwa 1990 |
| Seite 38 | Kirschbaumwurzel, ca 52 cm hoch; etwa 1976 |
| Seite 40 | Ulmenfrau, ca 40 cm hoch; 2006 |
| Seite 43 | Späher, Apfelbaum, ca 60 cm hoch; etwa 1999 |
| Seite 45 | Teufelchen, Kirschbaum, ca 48 cm hoch; etwa 1978 |
| Seite 47 | Wandleuchter, Apfelbaum, ca 30 x 45 cm; etwa 1998 |
| Seite 48 | Doppelschale, Apfelbaum, ca 30 x 45 cm; etwa 1997 |
| Seite 49 | Kirschbaumvogel, ca 43 cm hoch; etwa 1978 |

*Copyright by Wolfgang Tribukait*
*Villingen-Schwenningen 2016, Hochkopfweg 21*
*Alle Rechte vorbehalten.*
*Buchdesign, Typographie: MacSchreiber, Satz: Hanno Schreiber,*
*Herstellung und Verlag: BoD - Books on Demand, Norderstedt*
*ISBN 9-783-7412-3805-5*